BEI GRIN MACHT SICH IHR WISSEN BEZAHLT

AF144669

- Wir veröffentlichen Ihre Hausarbeit, Bachelor- und Masterarbeit

- Ihr eigenes eBook und Buch - weltweit in allen wichtigen Shops

- Verdienen Sie an jedem Verkauf

Jetzt bei www.GRIN.com hochladen und kostenlos publizieren

Bibliografische Information der Deutschen Nationalbibliothek:

Die Deutsche Bibliothek verzeichnet diese Publikation in der Deutschen National-
bibliografie; detaillierte bibliografische Daten sind im Internet über http://dnb.d-
nb.de/ abrufbar.

Impressum:

Copyright © 2019 GRIN Verlag
Druck und Bindung: Books on Demand GmbH, Norderstedt Germany
ISBN: 9783346027832

Dieses Buch bei GRIN:

https://www.grin.com/document/499548

Julia Schmitt

Trainingslehre. Ausgleich zu sitzendem Alltag

GRIN Verlag

GRIN - Your knowledge has value

Der GRIN Verlag publiziert seit 1998 wissenschaftliche Arbeiten von Studenten, Hochschullehrern und anderen Akademikern als eBook und gedrucktes Buch. Die Verlagswebsite www.grin.com ist die ideale Plattform zur Veröffentlichung von Hausarbeiten, Abschlussarbeiten, wissenschaftlichen Aufsätzen, Dissertationen und Fachbüchern.

Besuchen Sie uns im Internet:

http://www.grin.com/

http://www.facebook.com/grincom

http://www.twitter.com/grin_com

Deutsche Hochschule für

Prävention und Gesundheitsmanagement

Hermann Neuberger Sportschule 3

66123 Saarbrücken

Einsendeaufgabe

Fachmodul:	Trainingslehre III
Studiengang:	Gesundheitsmanagement
Datum Präsenzphase:	18.03.2019 – 20.03.2019
Name, Vorname:	Schmitt, Julia
Semester:	**SS17**

Inhaltsverzeichnis

1 Personendaten

Tabelle 1: Allgemeine Daten zur Testperson (eigene Darstellung)

Alter	30 Jahre
Geschlecht	Weiblich
Körpergröße	1,60 m
Körpergewicht	60 kg
Trainingsmotive	- Linderung der Verspannungen im Lenden- und Halswirbelsäulenbereich - Ausgleich zum vorwiegend sitzendem Alltag
Berufliche Tätigkeit	Sekretärin (hauptsächlich sitzend)
Aktuelle sportliche Aktivität	Latin Dance (1x60min./Woche), seit 5 Monaten Leistungsstufe: Einsteiger
Frühere sportliche Aktivität	5 Jahre Gardetanz in einer Tanzsportgruppe, im Alter von 16-21 Jahren Leistungsstufe: Geübt
Zeitlicher Verfügungsrahmen	Täglich 30 Minuten
Allgemeiner Gesundheitszustand	Keine gesundheitlichen Einschränkungen, keine Einnahme von Medikamenten

Die Testperson weist keinerlei gesundheitliche Einschränkungen auf, daher ist die Belastbarkeit und Trainierbarkeit dieser als gut zu bewerten.

2 Beweglichkeitstestung

Mit verschiedenen Muskelfunktionstests soll die Beweglichkeit der Testperson beurteilt werden. Es wird die maximale Bewegungsamplitude der Kundin getestet, um somit Beweglichkeitsdefizite festzustellen. Die Testung erfolgt über die subjektive Empfindung des Dehnschmerzes der Person, deshalb sind die Tests nur semi-objektiv bewertbar. Die zu testenden Muskeln sind: M. pectoralis major, M. iliopsoas, M. rectus femoris, Mm. Ischiocrurales und Mm. Triceps surae.

Im Folgenden alle Durchführungen der Muskeltests beschrieben und die dazugehörigen Normwerte aufgezeigt. Alle Testungen werden beidseitig durchgeführt. Abschließend werden die Testergebnisse der Kundin bewertet.

Tabelle 2: Testung des M. pectoralis major (Eifler, 2014, S. 37, modifiziert nach Janda) (eigene Darstellung)

Testdurchführung	Normwerte
Die Testperson liegt in Rückenlage auf einer Liege. Sie liegt mit einer Köperseite so nah am Rand, dass der komplette zu testende Arm zur Seite hinunter hängen kann. Der jeweilige Arm wird nach außen rotiert und horizontal zum Boden abduziert. Das Ellbogengelenk wird im 90°-Winkel gebeugt. Zur Rumpfstabilisation werden beide Beine aufgestellt und die Bauchmuskulatur angespannt.	• Stufe 0 = Oberarm erreicht Horizontale (keine Bewegungseinschränkung) • Stufe 1 = Oberarm erreicht Horizontale durch Druck des Testers (leichte Bewegungseinschränkung) • Stufe 2 = Oberarm erreicht Horizontale auch durch Druck des Testers nicht (deutliche Bewegungseinschränkung)

Tabelle 3: Testung des M. iliopsoas (Eifler, 2014, S. 38, modifiziert nach Janda) (eigene Darstellung)

Testdurchführung	Normwerte
Die Testperson befindet sich in Rückenlage auf der Liege, das Gesäß ist am unteren Rand der Liege und die Beine befinden sich somit im Überhang. Ein Bein wird angewinkelt so nah wie möglich an den Körper heran gezogen. Hierbei ist zu beachten, dass Lendenwirbelsäule und Becken direkten Kontakt zur Unterlage haben. Ausschlaggebend für die Beweglichkeit ist der Hüftbeugewinkel.	• Stufe 0 = Oberschenkel erreicht Horizontale (keine Bewegungseinschränkung) • Stufe 1 = Oberschenkel erreicht Horizontale durch Druck des Testers (leichte Bewegungseinschränkung) • Stufe 2 = Oberschenkel erreicht Horizontale auch durch Druck des Testers nicht (deutliche Bewegungseinschränkung)

Tabelle 4: Testung des M. rectus femoris (Eifler, 2014, S. 40, modifiziert nach Janda) (eigene Darstellung)

Testdurchführung	Normwerte
Die Testperson befindet sich in Rückenlage auf der Liege, das Gesäß ist am unteren Rand der Liege und die Beine befinden sich somit im Überhang. Ein Bein wird angewinkelt so nah wie möglich an den Körper heran gezogen. Der Tester fixiert das Gegenbein im maximal möglichen Hüftextensionswinkel. Die Kundin beugt dieses Knie so weit wie möglich. Der feste Kontakt der Lendenwirbelsäule und des Beckens ist hier notwendig. Der Winkel der Kniebeugung bestimmt die Beweglichkeit.	• Stufe 0 = Unterschenkel hängt senkrecht herab (keine Bewegungseinschränkung) • Stufe 1 = Unterschenkel ist leicht nach vorne gestreckt und erreicht durch Druck des Testers die Senkrechte (90° Beugung im Knie) (leichte Bewegungseinschränkung) • Stufe 2 = Unterschenkel ist deutlich nach vorne gestreckt und erreicht 90° -Kniebeugewinkel auch durch Druck des Testers nicht (deutliche Bewegungseinschränkung)

Tabelle 5: Testung des Mm. Ischiocrurales (Eifler, 2014, S. 40, modifiziert nach Janda) (eigene Darstellung)

Testdurchführung	Normwerte
Die Probandin liegt in Rückenlage auf der Liege. Das nicht getestete Bein wird aufgestellt. Das andere Bein wird mit einer Streckung im Kniegelenk so weit wie möglich in die Hüftflexion gebracht. Der feste Kontakt der Lendenwirbelsäule und des Beckens ist hier notwendig. Die Beweglichkeit wird mittels des Hüftbeugewinkels festgelegt.	• Stufe 0 = Die Flexion im Hüftgelenk ist im Ausmaß von 90° möglich (keine Bewegungseinschränkung) • Stufe 1 = Die Flexion im Hüftgelenk ist bis zwischen 80°-90° möglich (leichte Bewegungseinschränkung) • Stufe 2 = Die Flexion im Hüftgelenk ist unter 80° möglich (deutliche Bewegungseinschränkung)

Tabelle 6: Testung des Mm. Triceps surae (Eifler, 2014, S. 41, modifiziert nach Janda) (eigene Darstellung)

Testdurchführung	Normwerte
Die Testperson befindet sich in Rückenlage auf der Liege, das nicht getestete Bein wird aufgestellt. Das zu testende Bein wird ausgetreckt. Der Tester nimmt eine Hand ans Fersenbein und die andere an Fußaußenkante. Die Ferse wird distalwärts gezogen und gleichzeitig wird mit der anderen Hand der Vorfuß - mit Hilfe von Druck am äußeren Fußrand - in eine maximale Dorsalextension geführt. Der Druck auf die Mitte der Fußsohle sollte vermieden werden, um Verfälschungen des Testergebnisses auszuschließen.	• Stufe 0 = Dorsalextension ist mindestens bis 0°-Stellung möglich (90° zwischen Fuß und Unterschenkel) (keine Bewegungseinschränkung) • Stufe 1 = 0°-Stellung wird nicht erreicht. Dorsalextension ist möglich (leichte Bewegungseinschränkung) • Stufe 2 = Dorsalextension ist nur bis 10° unterhalb der 0°-Stellung möglich (deutliche Bewegungseinschränkung)

Tabelle 7: Testergebnisse mit zugehöriger Bewertung (eigene Darstellung)

Muskel	Messwert	Bewertung
M. pectoralis major	Oberarm erreicht (rechts und links) durch leichten Druck des Testers die Horizontale (Stufe1)	Die Probandin zeigt leichte Bewegungseinschränkung auf.
M. iliopsoas	Oberschenkel erreicht (rechts und links) auch durch Druck des Testers die Horizontale nicht (Stufe 2)	Sie hat dort eine deutliche Bewegungseinschränkung.
M. rectus femoris	Durch leichten Druck des Testers werden (rechts und links) eine 90° Kniebeugung erreicht (Stufe 1)	Eine leichte Bewegungseinschränkung ist hier zu erkennen.
Mm. ischiocrurales	Die Hüftflexion erreicht (links und rechts) nur weniger als 80° (Stufe 2)	Eine deutliche Bewegungseinschränkung macht sich hier bemerkbar.
Mm. triceps surae	Die Dorsalextension ist (links und rechts) bis 0° problemlos ausführbar	Hier sind keinerlei Bewegungseinschränkungen messbar.

Die Kundin weist ein deutliches Bewegungsdefizit auf, welches auf ihren vor allem auf wenig sportlichen Ausgleich in der Freizeit und die sitzende Tätigkeit zurück zu führen ist. Daraus resultiert ein starker Bedarf für Beweglichkeitstraining.

3 Trainingsplanung Beweglichkeitstraining

3.1 Trainingsplanung Dehntraining

Beweglichkeit ist die Fähigkeit, Bewegungen willkürlich und gezielt mit der erforderlichen bzw. optimalen Schwingungsweite der beteiligten Gelenke ausführen zu können (Martin et al., 1993, S. 214). Die folgenden Übungen zeigen ein Dehntraining, welches zur Verbesserung der allgemeinen Beweglichkeit der Körpergelenke führt.

Tabelle 8: Trainingsplan Dehntraining (eigene Darstellung)

Zielmuskulatur	Durchführung	Dehnmethode (Form/ Arbeitsweise)	Belastungsgefüge
M. gastrocnemius M. soleus	Ausgangsposition ist der Stand. Ein Bein wird ausgetreckt nach hinten gestellt, hier liegt der ganze Fuß auf der Unterlage auf. Das andere Bein wird im Kniegelenk gebeugt und der Oberkörper wird, in gerader Position, leicht nach vorn gebeugt. Beide Füße und Kniegelenke zeigen parallel nach vorn. Indem das vordere Bein weiter gebeugt wird und die Schwerkraft nach unten wirkt, wird die Dehnung in der Dorsalextension des Hüftgelenks verstärkt. Diese Position wird gehalten.	Passiv, statisch	3x/ Woche, 4 Sätze á 45 Sekunden, maximale Intensität
M. Biceps femoris M. semimembranosus M. semitendinosus	Ausgangsposition ist eine leichte Schrittstellung. Das vordere Bein wird gestreckt und das hintere gebeugt. Oberkörper und Becken werden leicht nach vorne gekippt, um in die Dehnposition zu kommen. Da es sich hier um eine dynamische Dehnung handelt, folgt die Lösung dieser Position, indem das Becken wieder aufgerichtet wird.	Passiv, Dynamisch	3x/ Woche, 4 Sätze á 45 Sekunden, maximale Intensität
M. quadriceps femoris	Ausgangsposition ist der Stand. Ein Knie wird maximal gebeugt. Die Hand umfasst den Unterschenkel derselben Seite oberhalb der Sprunggelenke. Beide Oberschenkel sind parallel zueinander. Die Ferse sollte sich auf Höhe des Gesäßes befinden. Die Dehnposition ist erreicht, wenn	Passiv, statisch	3x/ Woche, 4 Sätze á 45 Sekunden, maximale Intensität

Zielmuskulatur	Durchführung	Dehnmethode (Form/ Arbeitsweise)	Belastungsgefüge
M. deltoideus pars spinata M. trapezius pars transversa Mm. rhomboidei	Ausgangsposition ist der Stand. Ein Arm wird in die Anteversion ca. 90° gehoben und das Ellbogengelenk gebeugt. Die Hand des Armes liegt auf dem anderen Schultergelenk. Indem die freie Hand Druck auf das gebeugte Ellbogengelenk ausübt, wird die Dehnposition eingenommen. Hierbei wird der Arm in Richtung Körper gedrückt. Die statische Dehnung wird für einige Sekunden gehalten.	Passiv, statisch	3x/ Woche, 4 Sätze á 45 Sekunden, maximale Intensität
M. pectoralis major Mm. Deltoideus	Die Ausgangsposition ist ein hüftbreiter Stand. Beide Arme werden auf Höhe des Schultergelenks abduziert. Die Handflächen zeigen nach vorn. Die Dehnposition wird eingenommen, wenn die Kontraktion der Rücken- und Schultermuskeln, das Zusammenziehen der Schulterblätter verstärkt. Die Dehnposition wird kurz gehalten und gelöst. Dies wird auf Grund der dynamischen Arbeitsweise mehrmals wiederholt.	Aktiv, dynamisch	3x/ Woche, 4 Sätze á 45 Sekunden, maximale Intensität
M. trapezius pars descendens	Der Stand ist die Ausgangsposition der Dehnung. Blickrichtung ist nach vorne ausgerichtet und der Kopf neigt sich zur Seite. Durch den aktiven Zug der gegenüberliegenden Schulter nach unten, wird die Dehnungsposition eingenommen. Diese Position wird für eine statische Durchführung gehalten.	Aktiv, statisch	3x/ Woche, 4 Sätze á 45 Sekunden, maximale Intensität
M. iliopsoas	Die Ausgangsposition ist der Kniestand. Ein Bein wird vor dem Körper aufgestellt – Beugung im Kniegelenk und ca. 90° im oberen Sprunggelenk. Das Knie und der Fuß des anderen Beins liegen auf der Unterlage auf. Der Oberkörper ist in einer geraden Position. Die Dehnposition wird eingenommen, durch anspannen der Gesäßmuskulatur und dem folgendem Druck des Becken nach vorne. Diese Position wird gehalten.	Aktiv, statisch	3x/ Woche, 4 Sätze á 45 Sekunden, maximale Intensität
Mm. Erector spinae	Ausgangsposition ist der Vierfüßler-Stand (Katzenbuckel). Die Dehnposition wird eingenommen durch das Anspannen der Bauchmuskulatur und das Drücken der Wirbelsäule nach oben. Die Wölbung wird wieder gelöst, die Bauchmuskulatur gelockert und die Wirbelsäule wieder in die Ausgangposition gebracht. Die Dehnposition wird mehrmals dynamisch eingenommen und wieder gelöst.	Aktiv, dynamisch	3x/ Woche, 4 Sätze á 45 Sekunden, maximale Intensität

Zielmuskulatur	Durchführung	Dehnmethode (Form/ Arbeitsweise)	Belastungsgefüge
M. Biceps femoris M. semimembranosus M. semitendinosus	Hier wird ein Handtuch benötigt. Die Ausgangsposition ist die Rückenlage. Ein Bein wird angestellt, das andere gestreckte Bein wird am Oberschenkel mit dem Handtuch umfasst, um es so in Richtung Brust zu ziehen. Die Dehnungsabfolge beginnt damit, dass die Kundin das gestreckte Bein gegen das Handtuch druckt und somit den zu dehnenden Muskel kontrahiert (für etwa 10Sek.). Danach wird der Muskel kurz entspannt, um dann mit Hilfe des Handtuchs das gestreckte Bein näher zum Körper heranzuführen (für etwa 20 Sek.)	postisometrisch	3x/ Woche, 4 Sätze á 60 Sekunden, maximale Intensität
M. glutaeus	Die Rückenlage ist die Ausgangsposition. Ein Bein wird mit ca. 90° im Kniegelenk angestellt. Der Fuß des anderen Beins wird auf den Oberschenkel des Gebeugten gelegt – hier sollte der Unterschenkel waagerecht sein und das Knie nach außen zeigen. Um die Dehnposition einzunehmen wird mit beiden Händen der Oberschenkel des gebeugten Beines unterhalb des Kniegelenks umfasst. Nun ziehen die Hánden den Oberschenkel zur Brust ran. Die Dehnung wird im Wechsel eingenommen und wieder gelöst.	Passiv, dynamisch	3x/ Woche, 4 Sätze á 45 Sekunden, maximale Intensität

3.2 Begründung des Beweglichkeitstrainings

Die Trainingsmotive der Kundin sind ihre Verspannungen im Hals- und Lendenwirbelsäulenbereich zu verringern und einen Ausgleich zum primär sitzenden Alltag schaffen. Des Weiteren soll der vorhergehende Beweglichkeitstest auch als Basis für das Training genutzt werden. Die Kundin weist deutliche Bewegungseinschränkungen in der Oberschenkel- und Hüftmuskulatur, leichte Einschränkungen in der Brustmuskulatur auf.

Auf Grund der Testergebnisse und der nur geringen Alltagsbelastung auf die unteren Körperpartien, wird der Fokus des Trainings auf den Unterkörper gerichtet. Die Testergebnisse lassen zudem erschließen, dass der Hüftflexor der Kundin verkürzt sein kann. Dieser verkürzte Muskel kann zu einem Hohlkreuz führen, welches die Beschwerden im Lendenwirbelsäulenbereich auslösen bzw. verstärken kann (Marquardt, 2013, S. 152). Die Einschränkung des Hüftbeugers ist auf ihren sitzenden Alltag zurückzuführen und kann Verspannungen in diesem Bereich erklären. Genauso ist ihr Bewegungsdefizit des pectoralis major auf ihre Haltung am Schreibtisch zurückzuführen, weil so dieser Muskel durch ihre Haltung verkürzt (Marquardt, 2013, S. 152). Um die Verspannungen der Kundin im Halswirbelsäulenbereich zu lindern, ist im Trainingsplan eine Nackendehnung vorgesehen. Einen allgemeinen Ausgleich will die Kundin zu ihrem Alltag schaffen. Das Beweglichkeitstraining ermöglicht ihr eine größere maximale Bewegungsreichweite und allgemein mehr Beweglichkeit (Schönthaler & Ohlendorf, 2002).

Die Kundin startet in ihr Trainingsprogramm mit drei Trainingstagen in der Woche. Drei Trainingseinheiten pro Woche können bei Trainingsbeginnern die Beweglichkeit verbessern (Rancour, Holmes & Cipriani, 2009). Nach Marschall (1999) ist bei maximaler Dehnintensität die Effektivität des Dehntrainings am größten.

4 Trainingsplanung Koordinationstraining

Aus neuromuskulärer Sicht bezeichnet Koordination das Zusammenwirken von Zentralnervensystem und Skelettmuskulatur innerhalb eines gezielten Bewegungsablaufs (Hollman & Hettinger, 2000, S. 143). Im folgenden Abschnitt werden Übungen im Sinne eines Gleichgewichtstrainings, zur Verbesserung der muskulären Koordination, vorgestellt.

4.1 Trainingsplanung Gleichgewichtstraining

Tabelle 9: Trainingsplan Gleichgewichtstraining (eigene Darstellung)

Übung	Durchführung	Belastungsgefüge
Linienstand mit geöffneten Augen	Ausgangsposition ist der Stand. Ein Fuß wird vor den anderen gestellt. Es berühren sich Ferse des vorderen Fußes und Zehenspitzen des Hinteren. Beide Arme werden nach vorne auf Schulterhöhe gestreckt. Diese Position wird 30 Sekunden gehalten – danach erfolgt ein Seitenwechsel.	2x/Woche, 2 Sätze á 30 Sekunden, Satzpause für 10 Sekunden
Linienstand mit geschlossenen Augen	Ausgangsposition ist der Stand. Ein Fuß wird vor den anderen gestellt. Es berühren sich Ferse des vorderen Fußes und Zehenspitzen des Hinteren. Beide Arme werden nach vorne auf Schulterhöhe gestreckt und die Augen werden geschlossen. Diese Position wird für 30 Sekunden gehalten - danach erfolgt der Seitenwechsel.	2x/Woche, 2 Sätze á 30 Sekunden, Satzpause für 10 Sekunden

Übung	Durchführung	Belastungsgefüge
Beinschwingen mit geöffneten Augen	Ausgangsposition ist der Stand auf dem Airex Blanace Kissen. Ein Bein wird gestreckt vor und zurück geschwungen. Das Schwingen wird für 30 Sekunden fortgesetzt und danach das Bein gewechselt.	2x/Woche, 2 Sätze á 30 Sekunden, Satzpause für 10 Sekunden
Beinschwingen mit geschlossenen Augen	Ausgangsposition ist der Stand auf dem Airex Blanace Kissen. Ein Bein wird gestreckt vor und zurück geschwungen. Die Augen sind hier geschlossen. Das Schwingen wird für 30 Sekunden fortgesetzt und danach das Bein gewechselt.	2x/Woche, 2 Sätze á 30 Sekunden, Satzpause für 10 Sekunden
Ball zu werfen auf Signal	Ausgangsposition ist der Stand auf dem Airex Balance Kissen. Die Kundin bekommt einen Ball aus unterschiedlichen Richtungen (links, rechts, frontal) zugeworfen und sollte den Ball auf fangen. Die Ballpässe werden für 30 Sekunden fortgesetzt.	2x/Woche, 2 Sätze á 30 Sekunden, Satzpause für 10 Sekunden
Ball fangen auf Signal	Ausgangsposition ist der Stand auf dem Airex Balance Kissen. Diesmal steht die Kundin mit dem Rücken zum Trainingspartner. Auf ein Signalruf des Partners bekommt sie einen Ball aus unterschiedlichen Richtungen (links, rechts, frontal) zugeworfen und sollte den Ball fangen. Die Ballpässe mit Signal werden für 30 Sekunden fortgesetzt.	2x/Woche, 2 Sätze á 30 Sekunden, Satzpause für 10 Sekunden
Ball fangen auf Signal und 8er um die Beine kreisen	Ausgangsposition ist der Stand auf dem Airex Balance Kissen. Diesmal steht die Kundin mit dem Rücken zum Trainingspartner. Auf ein Signalruf des Partners bekommt sie einen Ball aus unterschiedlichen Richtungen (links, rechts, frontal) zugeworfen und sollte den Ball fangen. Hat sie den Ball gefangen, kreist sie „Achter" mit den Ball um ihre Beine. Die Ballpässe mit Signal und Achter kreisen werden für 30 Sekunden fortgesetzt.	2x/Woche, 2 Sätze á 30 Sekunden, Satzpause für 10 Sekunden

Übung	Durchführung	Belastungsgefüge
Ein Bein und Arm kreisen mit geschlossenen Augen	Ausgangsposition ist der Stand auf dem Airex Balance Kissen. Die Kundin lässt den linken Arm und das recht Bein im Uhrzeigersinn kreisen. Hier sind die Augen geschlossen. Nach 30 Sekunden werden die Seiten getauscht.	2x/Woche, 2 Sätze á 30 Sekunden, Satzpause für 10 Sekunden
Kniebeuge halten, Partner übt leichten druck aus	Ausgangsposition ist der Stand auf dem Airex Balance Kissen. Die Kundin nimmt die Position der Kniebeuge ein und hebt beide Arme gestreckt vor sich. Der Trainingspartner übt nun sanften Druck auf ihre Arme aus. 30 Sekunden lang wird diese Übung durchgeführt.	2x/Woche, 2 Sätze á 30 Sekunden, Satzpause für 10 Sekunden
Kniebeuge halten, Partner übt leichten druck aus mit geschlossenen Augen	Ausgangsposition ist der Stand auf dem Airex Balance Kissen. Die Kundin nimmt die Position der Kniebeuge ein und hebt beide Arme gestreckt vor sich. Die Augen sind geschlossen. Nun übt der Trainingspartner sanften Druck auf ihre Arme aus. Diese Übung wird 30 Sekunden lang durchgeführt.	2x/Woche, 2 Sätze á 30 Sekunden, Satzpause für 10 Sekunden

4.2 Begründung Gleichgewichtstraining

Im beschriebenen Gleichgewichtstraining wurde erst kein Hilfsmittel verwendet, danach verschiedene eingebaut. Die Übungsreihe beginnt mit leichten hin zu komplexeren Bewegungen. Das Schließen der Augen oder zu Hilfenahme der Hilfsmittel verändert die Umweltbedingung und die Übung ist schon komplexer. Das Beinschwingen mit offenen und geschlossenen Augen fokussiert die koordinative Fähigkeit des Gleichgewichts. Das Kreisen eines Armes und Beins fördert die Kombinationsfähigkeit. Durch verschiedene Facetten des Koordinationstrainings werden die Fähigkeiten der Kundin intensiv trainiert.

5 Literaturrecherche

Tabelle 10: Zwei Studien zum Thema „Effekte des Dehnens auf die Bewegungsreichweite bzw. Dehnungsspannung" (eigene Darstellung)

	Studie 1	Studie 2
Wer hat die Studie durchgeführt?	S. Glück, M. Schwarz*, U. Hoffmann, G. Wydra	F. Marschall
In welchem Jahr wurde sie publiziert?	2002	1999
Mit welchen Versuchspersonen wurden die Studien durchgeführt?	27 Sportstudenten 16 Männer, 11 Frauen Im Alter von 25 +/- 2 Jahren	12 Männer, 9 Frauen Im Alter von 24,8 +/- 3,4 Jahren
Wie sah der Versuchsaufbau der Studien aus?	Alle Probanden wurden zufällig in drei Gruppen eingeteilt und absolvierten drei standardisierte Tests. Test 1 ist die direkte Eigendehnung (DE), die durch selbstständiges Dehnen über einen Seilzug erfolgt. Test 2 ist die indirekte Eigendehnung (IE), welche durch selbstständiges Bedienen eines Motors durchgeführt wird. Test 3 behandelt die indirekte Fremddehnung (IF), welche durch den Testleiter ausgeführt wird Gemessen wird in allen Testungen die maximale Bewegungsreichweite.	Alle Versuchspersonen haben ein Bein bis zur Schmerzgrenze und das andere Bein submaximal trainiert. Die Dehnpositionen wurden elektronisch gesteuert ausgeführt. Das Gegenbein und die Wirbelsäule wurden fixiert. Der hier entstehende Winkel wurde mit einem sog. Drehimpulsdreher ermittelt. Alle Probanden haben das Aufwärmtraining auf dem Fahrrad absolviert und Kniebeugen trainiert. Abschließend wurde dann die maximale Dehnungsweite gemessen. Der Prozess wurde ca. 15 Mal wiederholt. Am Ende des Versuchs wurde erneut die maximale Dehnungsweite ermittelt.
Welche relevanten Ergebnisse und Schlussfolgerungen lieferte die Studie?	Die maximale Bewegungsreichweite (BRmax) lag im Mittel bei direkter Eigendehnung 5% und damit hochsignifikant höher als bei indirekter Eigen- und Fremddehnung ($p \leq 0{,}001$). Bei direkter Eigendehnung wurden deutlich höhere BRmax als bei den indirekten Verfahren gemessen.	Intensitäten verbessern kurzfristig die Bewegungsreichweite. Die Erfolge sind bei maximaler Intensität (7,24° +/- 4,19°) deutlich größer als bei submaximaler Intensität (3,29° +/- 4,53°). Abschließend ist wohl anzunehmen, dass hier der sog. Creeping Effect zu kurzfristigen Längenveränderungen der Sehnenstruktur führt.

6 Literaturverzeichnis

Eifler, C. (2018): Studienbrief Trainingslehre III. unveröffentlichte Studienmaterialien. Deutsche Hochschule für Prävention und Gesundheit, Saarbrücken.

Hollmann, W. & Hettinger, T. (2000). Sportmedizin. Grundlagen für Arbeit Training und Präventivmedizin (4. Aufl.) Stuttgart: Schattauer.

Marquardt, M. (2013): Die Laufbibel. 13. Aufl. Hamburg: spomedis.

Marschall, F. (1999): Wie beeinflussen unterschiedliche Dehnintensitäten kurzfristig die Veränderung der Bewegungsreichweite? In: Deutschte Zeitschrift für Sportmedizin 50 (1), 5-9.

Martin, J. H.; Benzer, S.; Rudnicka, M.; Miller, C. A. (1993): Calphotin. A Drosophila photoreceptor cell calcium-binding protein. In: Proceedings of the National Academy of Sciences (4). DOI: 10.1073/pnas.90.4.1531.

Rancour, J., Holmes, C. F. & Cipriani, D. J. (2009). The effects of intermittent streching following a 4-week staticstretching protocol: a randomized trial. J Strength Cond Res, 23 (8), 2217-2222.

Schönthaler, S. R. & Ohlendorf, K. (2002). Biomechanische und neurophysiologische Veränderungen nach ein- und mehrfach seriellem passiv-statischem Beweglichkeitstraining (Wissenschaftliche Berichte und Materialien / Bundesinstitut für Sportwissenschaft, 1. Aufl.). Köln: Sport und Buch Strauß.

7   Tabellenverzeichnis